Collection folio junior en poésie

Maquette : Aubin Leray

Présenté par

GUY GOFFETTE

POÈTES
POUR LE TEMPS PRÉSENT

Gallimard
Jeunesse

POÈTES POUR LE TEMPS PRÉSENT

La précédente anthologie publiée ici même en 1999 réunissait « 20 poètes pour l'an 2000 ». Celle-ci, qui poursuit le recensement entrepris parmi les poètes vivants (et c'est loin d'être fini, n'en déplaise à ceux qui prophétisent la mort de la poésie pour demain matin), en rassemble une vingtaine d'autres, de langue française, et qui continuent, inlassables, d'interroger le présent et de secouer à leur manière le joug du conformisme, de l'aveuglement et de l'indifférence du monde.
Ce choix, forcément limité, n'a d'autre prétention que d'offrir un vibrant bouquet de voix contemporaines, d'une palette suffisamment large pour laisser la porte ouverte à toutes les couleurs qui n'y sont pas, pas encore, les y inviter, les y accueillir.
La plupart des poèmes qui le composent ont déjà été publiés en volume. Les poètes les ont sélectionnés eux-mêmes ou nous l'avons fait à leur place.
Aucun thème précis n'a été imposé, sachant qu'un seul les enveloppe ou les traverse comme une flèche, qu'ils évoquent l'enfance, la nature, la joie ou la douleur de l'amour, la mort même ; un seul, qui est la marque du vivant : le temps.
Le temps présent , le temps perdu, le temps qui passe et celui qui n'en finit pas de passer ; le temps qui s'éternise ou s'annule soudain et devient du rêve.

C'est un thème qui sous-tend toute la poésie, qui la traverse comme une colonne vertébrale alors même qu'un des ses caractères les plus flagrants est d'échapper au temps. Cette apparente contradiction fait de Villon, ou de Louise Labé nos contemporains au même titre que Baudelaire ou Jacques Réda. Car le temps du poème n'est pas le temps du poète.
Il est plutôt le temps nombreux du vertige ou de la communion des temps. Ce moment où une vague invisible, d'où venue, enlève le poète du milieu des mortels et lui donne le souffle et les ailes d'un voleur de feu. Élan fugitif, mais suffisant pour démarrer le travail du poète. Alors ses mots de peu, de rien, ses mots de tous les jours, tirés de la poussière et de l'effroi, voilà qu'ils se mettent soudain à bouger en lui comme la ligne de l'horizon. L'encre et le papier modestes portent la trace de cette vibration. Puisse celui qui va les lire aujourd'hui, demain, être emporté par ce mouvement au-dessus de lui-même et, plus léger que les nuages, devancer l'avenir.

Au dit lent je vais. Un pied devant l'autre, au pas de l'arbre et de son ombre. Au pas de l'eau. Porté par le dit lent dans les argenteries sonores du grand pré de juillet. Les herbes dorment-elles comme moi dans le jour ? Toutes debout dans le dit lent, une à une, quittant ce pré.

Les marionnettes rampent le nez
dans les écumes. Et, dans le tintamarre
des lynx qui se déchirent, se projettent
debout sur leurs pattes spaghettis.
Elles dansent, mais le cœur n'y est pas.
C'est un nœud dans le bois. Elle dansent
sur les braises. Leurs pieds brûlent
sans souffrance. Les marionnettes sur
les enfants se penchent. Quelqu'un
remue le feu, pour de plus hautes
avalanches. Les bouches bées n'osent
pas embrasser la flamme du spectacle
des bois. Personne ne voit la main
calcinée dans les cordelettes.

Joël Bastard, né à Versailles en 1955, vit dans les monts Jura. Auteur de théâtre, de nouvelles et de chansons. Il a publié plusieurs livres de poésie dont *Mémorandum de porcelaine*, *Biologie de l'ombre*, *Le terme du roc*, *Beule* et *Se dessine déjà*.

Nous voyons disparaître dans le brouillard nos pas, sous le museau glacé de la licorne. Quelqu'un parle au fond du nid de laine. Dans les mots sont les gorges et le grand air d'y voir. Sur le chemin forestier, le chemin sanglier. Qui, du brouillard au brouillard, est fait de feuilles mortes emportées.

Le conteur est dans les arbres. Une main ouverte sur les grains de sang. Se penchent les oiseaux pour la becquée. Le conteur est dans les arbres et son ventre nourrit la fourmilière. Sa voix porte une coquille nacrée et va lentement dans les herbes. Le conteur est à genoux dans les cendres fraîches. Le cri perçant des étoiles sur ses épaules. Il attend que le silence ait fini de boire ses dernières paroles.

le temps sur son cheval passant au grand galop
faisait monter un grand nuage de poussière
dont la colonne s'élevait dans l'atmosphère
et rien n'était si beau que ce mouvant tableau

le temps sur son cheval fonce à travers le vent
il ne fait que passer pour déchirer la terre
le temps n'a pas le temps de jeter en arrière
les yeux car il n'a d'yeux que tournés en avant

le temps dans sa mouvance entraîne l'âme humaine
au milieu des millions de corps tourbillonnés
qui rués en plein ciel retombent dans la plaine
où le Fleuve en la Mer les vomit pardonnés

William Cliff est né à Gambloux (Belgique) en 1940. Il a fait des études de lettres et de philosophie. Raymond Queneau accueille ses premiers poèmes et l'encourage. Parmi ses livres, citons : *Écrasez-le*, *Marcher au charbon*, *Fête nationale*, *Journal d'un innocent*.

souvent je vois errer à travers la campagne
fendant les champs les prés de son libre parcours
un grand chien noir ondulant qui ne s'accompagne
d'aucun frère de race d'aucun maître il court
attiré par les volontés de son instinct
il passe les barbelés sans que soit atteint
son poil folâtre il ne se gêne pour personne
entre dans les cours et urine ses odeurs
puis disparaît sans qu'on sache où il abandonne
son corps au sommeil avant de s'enfuir ailleurs

autrefois j'ai rêvé que je vivrais ainsi
libre de courir où ma fantaisie m'appelle
et la suivant nuit et jour et sans savoir si
le lendemain je trouverais dans mon écuelle
un peu mieux que du vent pour me remplir le ventre
le grand voyage libre il suffit de l'attendre
chaque jour chaque nuit plus notre temps s'avance
plus aussi se rapproche l'heure du départ
chaque aube chaque soir au rythme des balances
nous apprend à mieux recevoir le grand chien noir

de la musique arabe monte dans les murs
une voix d'homme chante chante avec douleur
la nostalgie du cœur de l'homme monte monte
comme se rappelant sa vie d'avant le monde

avant que le monde eût enfanté cette vie
l'homme existait avant qu'il existât du temps
l'âme humaine chantait une musique avant
qu'elle pleure aujourd'hui son chant de nostalgie

mon père je t'en prie regarde comme ici
mon vœu le plus secret n'est jamais accompli
la ville crie tant qu'elle peut qu'elle est pressée
mais ma tête aimerait ne pas être écrasée

ma chair est une chose commise à la perte
pourtant elle voudrait tant être satisfaite
alors je te supplie de regarder un peu
ce fils qui n'a plus rien que la ville où il pleut

mon père je te nomme père car comment
voudrais-tu que j'explique ma vie autrement ?
et en dernier recours où me rendre sinon
à ta poitrine rousse et l'appel de ton nom ?

L'âne qui broute un peu du pré
on dirait qu'il mange du temps
pour lui et pour son ombre

puis quand il relève la tête
on voit ses yeux émerveillés
comme si le monde était brun

Il n'y a aucune question
dans sa perfection d'être ça
Ce n'est que son regard

ajouté à ce que je vois
comme une irisation à l'eau
d'une cascade où tout s'en va

Une sauterelle
en se dépliant
au-dessus du pré
laisse apercevoir

un éclat orange
entre ses élytres
puis elle se cache
avec un bruit de

papier que j'entends
tout au fond de l'herbe
et n'existe plus
Ensuite elle va

en sautant par-ci
par-là dans les champs
Chacun de ses bonds
me semble tout neuf

Le métier de la pluie toute la nuit en vain
sa petite note opportune et grainetière

Près de cette lumière grise à la fenêtre
les branches tiennent à la faveur des nuages

J'imagine en moi le silence du beau temps
C'est comme si je désirais presser un fruit

et la nouvelle de l'hiver soulève l'ombre
que je dessine autour de ma compréhension

avec du temps bleu invisible

Jean-Pierre Colombi est né en 1941 à La Ciotat. Après des études de lettres, il exerce différents métiers et collabore aux *Cahiers du Sud.* Très discret, il publie peu. Depuis son premier recueil, *Le Gramme noir* (1976), il a donné trois gros recueil vibrants : *Leçons de ténèbres, Allégories de l'automne et des autres saisons*, et *La sorte d'ombre*, en 1996.

Les grenouilles disent sous les eaux
des mots transparents comme des flûtes
des motets lointains sous les miroirs
que les éclats de lune noircissent

Beaux miroirs des bassins enfouis
sous les branches rêches des pins
les oiseaux de jour vous rayèrent
mais la nuit vous êtes parfaits

C'est seulement que l'air des grenouilles
fume légèrement sous vos verres
comme une brume de sons limpides
ou une grande flamme tremblante

Belles boîtes d'eau à musique
éparses parmi les jardins
petites chanteuses de soie
bercez ma veille endolorie

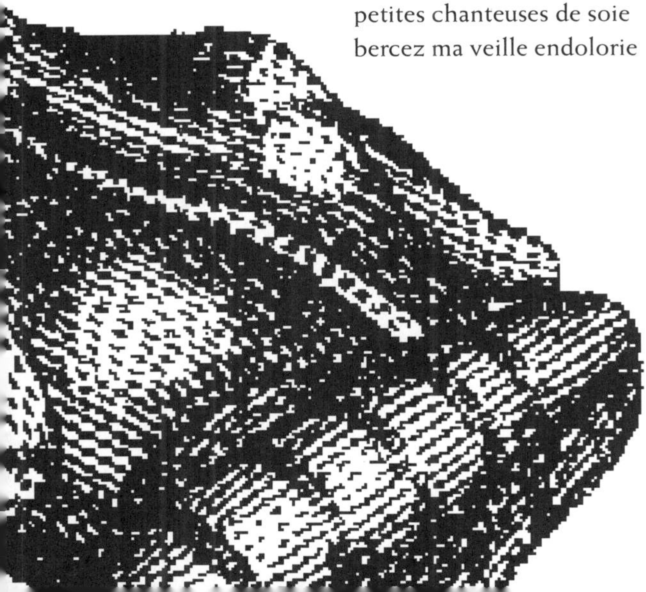

N'ÊTRE QU'UNE FOIS

Le terrible courage qu'il faut pour être jeune
et la jeunesse est faite pour n'être qu'une fois.
La jeunesse respire un air presque trop pur.
Si nous savions combien la pureté est pure !
Mon cœur a refusé de faire entrer le doute :
le tonnerre s'est épris brusquement de mon âme
et mon cœur ne s'est pas écarté de la foudre.

Lydie Dattas est née à Paris en 1949. Son père était organiste titulaire de l'orgue de chœur à Notre-Dame. En 1968, elle épouse un homme appartenant à une famille des gens du voyage. En 1983, elle découvre les récits de Jean Grosjean. A leur lumière, elle relit les *Évangiles* et écrit *Le Livre des Anges*.

SANS COMPRENDRE POURQUOI

Je suis émerveillée sans comprendre pourquoi :
la tristesse a pour moi le goût du paradis.
Ô tristesse annoncée par la beauté du soir,
les anges ne sont pas aussi doux qu'on le croit
et j'ai depuis toujours les anges avec moi.
Le malheur a voulu connaître mon visage,
le ciel faisait semblant de m'avoir oubliée,
je n'ai pas oublié le malheur un instant.

JE SUIS ÉMERVEILLÉE

Personne ne mourra qui ne veuille mourir.
Le cœur trouve en lui-même la force de combattre.
Ce que nous ajoutons à notre cœur n'est rien.
Je suis émerveillée par ce que j'ai vécu
parce que j'ai vécu ce qu'il y a de plus beau.
Chaque instant me tuait de sa félicité.
Je ne crois pas un mot de ce que dit la mort.
La violette est heureuse au moment de mourir.
Je suis aussi heureuse que si j'étais aimée.

LE BONHEUR EST SI COURT

Le bonheur est si court qu'on ne peut l'oublier.
La nuit était pour moi comme un second printemps
et la nuit pour moi seule était comme l'aurore,
puisque les roses rouges existent dans la nuit
et le lilas resté aussi jeune qu'avant.

Au premier chant du coq les huttes apparaissent
ils sont nombreux près des foyers
les mains cherchent les braises
le ciel est encore gris

On marche en cercle autour d'un seul poteau
les enfants courent, les femmes bâillent
les hommes s'étirent et contemplent leurs armes
les ânes ahuris tournent autour des norias

Yves

La viande fumée sèche
le long des palissades.

Un busard plane avant de disparaître.

Sur le front des enfants
le guérisseur a peint les sortilèges.

Au bord de la rivière les femmes lavent les tentures
les draps rouges de sang.

Une carriole s'éloigne en cahotant.

Un champ sur trois est en jachère.

Les feuilles sont emportées par le vent.

Parler ne sert à rien

: ils étendent les toiles
dessinent l'araignée
copient l'empreinte de la patte d'oiseau.

Dans l'herbe une couleuvre rampe
la flèche part et transperce le lièvre
que la main, plus tard, dépècera sans émoi.

Une femme accroupie colorie une assiette
des jeunes gens ramènent des brassées d'herbe sèche
un poinçon grave un signe
dans le cuir d'un licou.

Yves di Manno est né dans le Rhône en 1954. Il vit et travaille à Paris. Il a collaboré à plusieurs revues, a traduit de nombreux poètes américains et publié une quinzaine d'ouvrages, essentiellement de poésie, parmi lesquels : *Les Célébrations*, 1980, *Champs*, 1984, *Le Méridien*, 1987, *Champs II*, 1987, *Kambuja*, 1992, *Partitions*, 1995.

Tout est muet dans les rochers
la farine repose
un vieillard se promène au bord de la jetée.

Au loin on lance les filets sur l'eau
le blessé crie sans bruit
les femmes alarmées ont relevé la tête
nul ne s'est approché.

Les oiseaux dans le ciel passent sans se presser.

Sur la barque immobile il n'y a plus personne.

Écartez-vous.

On lui a ouvert la maison, même si on connaît la fin de l'histoire,

Il suffisait de le pencher pour le prendre.

On évite de se piquer aussi

Il n'est pas le premier

J'ai donc touché le pied d'un sapin.

C'est lui.

Lui aussi a perdu la forêt.

*

Ariane Dreyfus est née en 1958. Elle vit et enseigne en région parisienne. Elle a publié : *L'Amour 1* (éd. De, 1993) ; *Un visage effacé* (Tarabuste, 1995) ; *Les Miettes de Décembre* (Le Dé bleu, 1997) ; *La Durée des Plantes* (Tarabuste, 1998) ; *Une Histoire passera ici* (Flammarion, 1999), *Quelques Branches vivantes* (Flammarion, 2001), *Les Compagnies silencieuses*, (Flammarion, 2001).

L'odeur magique entrée

On déterre les figures brillantes et on les sauve sur les branches vivantes même de nuit

On fait des signes en levant les bras

S'en souvient quand il vous embrasse

Vous entourant de ses bras de Noël

Un jour dans une vie

On ne peut plus arrêter les baisers

La beauté leur monte au visage les prend

Comme lécher

Mille places mille places mille places

*

Les épines tombent, ce n'est plus la neige

Ça n'a jamais été la neige

Que des sapins orphelins, pour regarder l'année.

Minuscule fée
regarde à tes pieds
les cadeaux de l'herbe

les vers, les fourmis
et ton ennemi,
le lézard superbe

comme ils viennent là
t'apporter déjà
la première goutte

d'une autre liqueur
qui guérit les cœurs
et chasse le doute

minuscule fée
debout sur le seuil
de l'année petite.

Ma fille, faisons comme si
toi et moi on avait dormi
des siècles considérables

le ciel était toujours bleu,
il nous protégeait tous les deux
de l'amertume et du sable

ma fille, nous avions marché
sans bien savoir si l'été
nous accueillerait dans sa ronde

on était si petits, je crois,
que la mort ne nous trouvait pas,
c'était peut-être un autre monde.

Sauterelle, vive sauterelle,
ne me dis pas que midi m'appelle

j'avais des rêves par milliers,
j'ai perdu dans le noir mes souliers

pourquoi vouloir, vouloir encore,
tout finira peut-être avant l'aurore

sauterelle, sentinelle du soir,
n'emporte avec toi que mon désespoir.

Claude Esteban est né en 1935. Il a publié, plusieurs livres de poèmes ainsi que des essais sur les arts plastiques et la poésie, parmi lesquels *Critique de la raison poétique. Le partage des mots* (Gallimard, 1990), et une suite de proses autour des œuvres d'Edward Hopper, *Soleil dans une pièce vide* (Flammarion, 1991).

Ne craignez plus,
la terre est douce

pas un caillou
contre la mousse

et le soleil
comme une hostie

dans le silence
juste un bouvreuil

chantant la fin
de l'ancien deuil

et le soleil
comme une flèche

l'amour grandit
quand il nous blesse.

Et le jour devenait tout bleu
comme dans les fables

seul un enfant pouvait marcher
sur l'ombre du soleil

les mots pour chaque chose
étaient pareils

mais ils avaient sur la langue
un goût de miel et de feuilles d'arbre

on s'endormait,
on avait presque tout fini de son travail

on se réveillerait
peut-être.

C'est qu'il faut touiller les mots.
Déchirer les mots. Laver les mots.
Dégrossir les mots, les lacérer.
Les enfumer. Les entrelarder.
Les chipoter. Les caresser.
Les découper en rondelles.
Lèche le mot « bleu »
Ta langue devient bleue.

Tu ne pouvais qu'observer,
observer l'observatoire
et dormir dans le sommeil.
Toucher, voilà l'impossible.
A la rigueur, boire l'eau
que la rivière charrie !

Jacques Izoard est né à Liège en 1936. Il a publié une cinquantaine de recueils et plaquettes de poésie : *Un chemin de sel pur* ; *Voix, vêtements, saccages* ; *La patrie empaillée* ; *Vêtu, dévêtu, libre* ; *Dormir sept ans*, etc. Il a reçu le Prix Mallarmé et le Prix triennal de poésie.

Le voyage en herbe touffue,
nous le fîmes jadis,
près des ronciers, des rivières,
avec le vent pour tout habit
et une légère insomnie :
tout semblait neuf.

Tu ne te connais plus toi-même,
oubliant tes jambes quelque part,
abandonnant tes mains
dans un jardin public.
La fontaine emporte
ce visage que tu croyais tien.

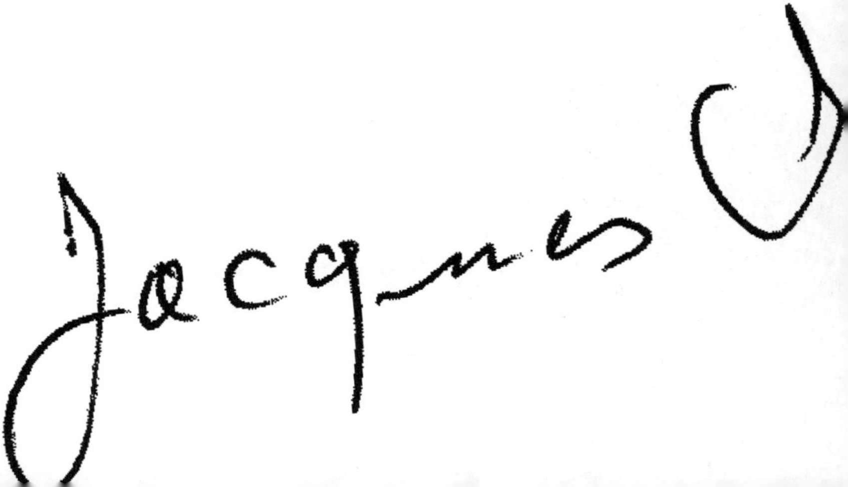

Écoute ! Je n'entends rien.
Le cœur est silencieux ;
je l'ignore, il feint
de ne pas me voir.
Existe-t-il au-delà
de l'air qu'on respire ?

A DÉFAUT DE LA TERRE

A défaut de la terre au moins son herbe
à défaut de son herbe au moins son lait
ah s'il n'y a plus de lait alors
n'importe quels moutons tondant obstinément le pré
ces imbéciles de moutons vous calment sans savoir
ouvrons-leur les barrières sur nous
puisque bien avant naître on a perdu
la bergerie et les sommeils
qu'au moins nous écoutions en souvenir
leur troupeau qui se répand avec un bruit de pluie

SOUS TON CRI

Pas seulement ton cri mais le oui sous ton cri

pas seulement le oui mais le ciel sous le oui

pas seulement le ciel mais l'écho sous le ciel

pas seulement l'écho mais la nuit sous l'écho

pas seulement la nuit mais la soif sous la nuit

pas seulement la soif mais le bleu sous la soif

pas seulement le bleu mais l'ombre sous le bleu

l'ombre pas seulement mais le rire sous l'ombre

et sous le rire la campagne en plein été

Ludovic Janvier est né en 1934 à Paris. Promeneur en tout genre, il a publié des romans, notamment, *Naissance*, des nouvelles, *Brèves d'amour*, des poèmes, *La Mer à boire*, *Doucement avec l'ange*, une rêverie sur la peinture, *Bientôt le soleil*, et deux essais remarqués sur Samuel Beckett.

ON QUITTERA TOUJOURS LA MER

On quittera toujours la mer à reculons
c'est toujours le même regret
c'est la même lenteur debout
qui vous déchire d'avec le pays
chaque adieu vous retourne infiniment
chaque pas qu'on pose hors de l'eau
veut creuser jusqu'à l'eau encore

NOUVELLES DU LINGE

De soif j'ai rincé mon linge et je l'ai tordu
après ça qu'est-ce que j'ai fait je l'ai pendu

grand ouvert sur le pré tout contre l'odeur
du foin debout le blanc comme la couleur

en rimes claires offertes aux rafales du vent
fin comme crible et serré comme van

je le regarde avec amour à chaque fois
est-ce lui qui se gorge d'air est-ce moi

trame à l'attache eau qui vole
le frais du linge a saisi la parole

A TOI

A toi la stupeur immobile de ma joie
Mon sourire de marbre blanc
Mon regard lavé dans la source du sous-bois
A toi mes mains de ville ouverte
A toi mes genoux d'écureuil
A toi ma voix la plus lointaine
A toi tout ce qui tisse nuit et jour à travers moi
A toi la lagune où nous nous sommes connus
A toi les revenants du soleil
A toi ces palais de lilas dans nos yeux
A toi tout ce qui est tout ce qui change
A toi
L'explosion de la perle au cœur de l'oiseau noir

Venise, 1954-1956

SEPT ISSUES DE SECOURS, PLUS UNE SORTIE

A Chawki Abdelamir

J'ai dit, dit le geai
J'ai été, dit l'été
Qui sommes-nous, dit la somme.
J'y suis allée, dit l'allée

Tu t'éteins, dit l'étain
Tu la suis, dit la suie
Tu l'auras, dit l'aura
– Il la voit, dit la voie

Je suis l'atout, dit le tout

Les Hauts-Vents, le 2 août 1990

Alain Jouffroy est né en 1928 à Paris. André Breton fait paraître ses premiers poèmes. Il se passionne pour la peinture et voyage dans le monde entier. Il est l'auteur de romans, d'essais et de recueils de poésie. Citons, *C'est aujourd'hui toujours*, 1999 ; *C'est, partout, ici*, 2001.

LE SILENCE N'EST JAMAIS D'OR, 3

Que voulez-vous, mes demoiselles
Je reste le favori des hirondelles
Je fabrique le printemps à tire-d'aile

J'oublie toujours le sens du mot jamais
Je joue encore des tours à l'Éternel
Et quand je crie, c'est de pure joie

Patientes, prudentes, les demoiselles
Ne l'entendent d'aucune oreille
Elles attendent qu'il se réveille
Et que leurs hommes les émerveillent

Le poète présent ne juge pas
Il continue d'écrire dans les tempêtes
Et leur dédie ce poème où il aime
Redire que chacun construit sa tête

Quand l'humanité tombe très bas
La poésie se fait tambourinaire
Avance lentement de quelques pas

Sur la passerelle du *nô*, elle crie :
Rien de trop !

LE SILENCE N'EST JAMAIS D'OR, 6

C'est nous qui débarquons
Auprès du passage à niveau levé
C'est nous qui approchons
D'une gare où les trains ne s'arrêtent plus

Les choses étrangement nous attendent
Dans l'obscurité réticente des maisons
Les choses ne nous accueillent pas
Nous seuls les dérangeons

Salut à la longue table en bois
Salut aux poutres du plafond
De profundis au silence profond

Quand nous saurons entendre les murs
C'est eux qui nous salueront

DÉBARQUER PARTOUT

Débarquer sans barque
Ni quai
Débarquer avec un dé

Et le tour est joué

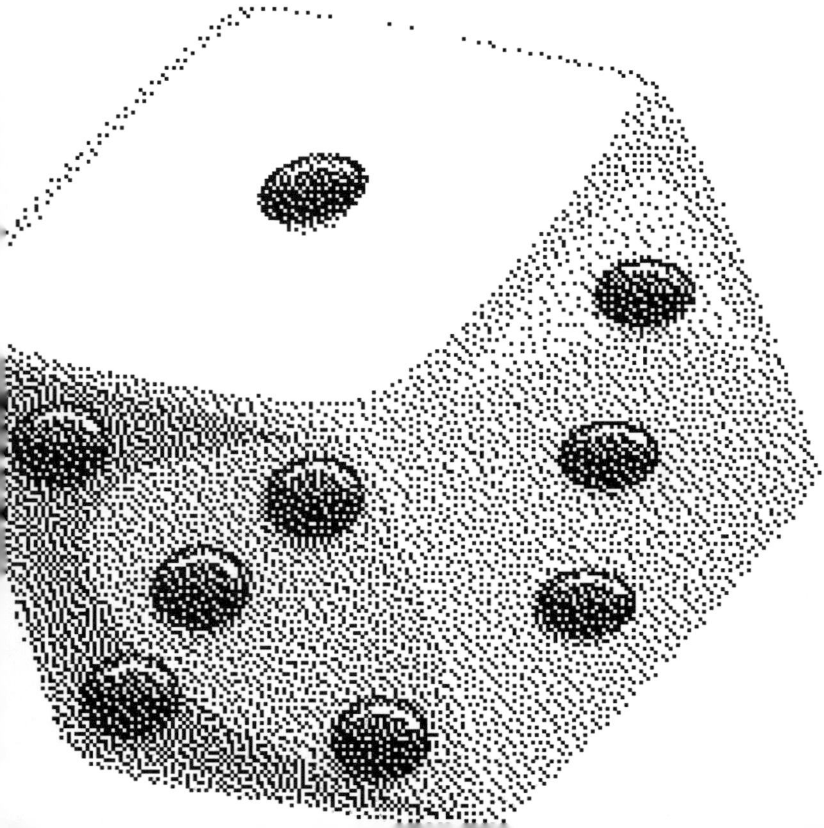

La vie n'est pas un long fleuve tranquille
elle est un carnage

Et vous me demandez
une poésie ornée de fleurs
de petits oiseaux

Excusez-moi Mesdames Messieurs
chacun de mes poèmes
enterre vos morts

Anise Koltz est née en 1928 à Luxembourg-Eich (Grand-Duché de Luxembourg). Elle a fondé les Journées de Mondorf. Membre de l'Académie Mallarmé, elle vit à Luxembourg et écrit en trois langues Elle a publié une vingtaine de livres. Citons : *Le Cirque du soleil, La terre monte, Chants de refus I et II, Le paradis brûle, La terre se tait...*

Le chemin monte vers la maison
comme toujours
mais les portes s'ouvrent
moins facilement

La mère s'interroge
sur le sens de la guerre

Le père mange
il ne parle plus

L'instant traîne
devant le mur du jardin

Le vent pousse
une balançoire oubliée

Je dédie ce poème
à mon incapacité
de saisir mon entourage
le plus proche

A ces moments
qui n'ont pas lieu
qui me laissent
hors de toute compréhension

Je le dédie aux mots justes
que jamais je ne saurai dire
pour dénoncer ce siècle
barbare et sans honte

Sur une mappemonde
je provoque le déluge

Les océans fusionnent
les montagnes se noient

Il n'y a pas d'arche

J'étouffe Dieu
avec mes cheveux

L'oiseau

A la même place
sur la plus haute tuile

Qui sait
si c'est le même qu'hier

et l'autre
sur la plus haute branche
du cerisier

Qui sait
s'il sera là demain

Seul compte
l'instant de grâce de sa
présence

Avant
le grand passage d'éponge
de la nuit

Le fini et l'infini
faisaient route ensemble

L'un dit
me voici arrivé

Crois-tu dit l'autre
et il prit sur ses épaules
son frère encore
trop jeune

Celui-ci
du haut de son perchoir
racontait la route
commentait le paysage

Car l'autre était aveugle
de naissance
et ne pouvait regarder
qu'en lui-même

Mais le chant
l'avait choisi pour cela

L'électricité
fait sa ronde tranquille
dans la maison

L'eau reste sage derrière
les robinets

La vie microscopique
continue son festin

Les objets tombent
en tournant
dans l'univers

L'instant
restera sans horloges

L'âme
et les vents au-dehors

demeureront seuls
imprévisibles

Werner Lambersy est né à Anvers en 1941. Il a publié une quarantaine de recueils et plaquettes de poésie : *Maîtres et Maisons de thé*, *Architecture Nuit*, *Journal d'un athée provisoire*, *Étés*, *Pays simple*...

Les fenêtres se referment

Reprennent leur baluchon
de ciel emmailloté

Le feu
met son manteau de bûches

La maison se boutonne
comme s'il fallait
avec la nuit

Partir
encore chercher quelqu'un

COMPLAINTE MERCENAIRE

On drise du garrou
Du Krabok au Gouento
Du Pouldin au Samanque

On guelle ses varnacheries
De flèque en chouze
A s'en vrager les frattes

Cinquante-huit zaonires à gretter l'époubranche
A crabiner sous le faiche et la nora
Dans la crachaigne des boguls zafarans

Et personne ne nous comprend !

NOIR

Parfois des choses
A l'étale de la nuit
Sont reprises par l'avide attraction

La chute est limitée
Le plancher résiste

Mais du puits de l'enfance
Tu remontes un seau de peur

QUAND J'ÉCRIS

Remonter la colonne des mots
Groupes d'antennes et de queues courtes
Sous les mots rien
Que ce papier *extra strong*
Posé sur table
Parquet
Ciment

Plus bas ce n'est qu'une cave sournoise
Sous laquelle tuyaux canalisations criblent
Tout un sous-sol qui lentement écrase
Des bouches dissoutes dans le noir du temps

ÉPITAPHE

Hurla en naissant
Chantait se douchant
Rimaillait se réveillant
Bruitdebouchait dégustant
Déclamait chemindferant
Gémissait en jouissant
Bégayait s'expliquant
Hésita en mourant

Alain Lance est né en 1939, près de Rouen. Il a enseigné l'allemand à Paris et longtemps vécu à l'étranger (Iran, Allemagne). Il dirige actuellement la Maison des écrivains à Paris. Traducteur de Volker Braun et de Christa Wolf, il a publié plusieurs livres de poèmes, dont *Distrait du désastre* (1995) et *Temps criblé* (2000).

Quand les Rois mages suivaient l'étoile
l'équinoxe de printemps était en Bélier ;
les Chinois réglaient leur calendrier sur les Pléiades,
et les Égyptiens, et les premiers Grecs ;
aujourd'hui l'équinoxe de printemps est en Poissons.
Ça continue, ça tourne sur sa lancée
avec l'arbre qui accroche ses racines à la terre,
avec le rire infini et clair du ruisseau.
Une vitesse pépie, une insouciance, une gaieté.
Hier, avec deux amis je déjeunais,
l'autre est la rivière qui éclaire le même.

ÉPARS SERA LE RECUEILLEMENT

« Nous nous ferons incinérer. Nous avons décidé. »
Où irai-je voir mes morts si ainsi ils renoncent
à la terre nourricière, à l'if du cimetière,
aux mésanges sous la pluie, aux corneilles de l'hiver ?
La fumée s'élèvera sur le bleu pur d'un ciel
ou se mêlera aux nuages. Ô, je veux la voir la fumée,
âmes qui renoncez au cycle de la vie et de la mort,
je veux voir l'adieu lui-même partir en fumée.
Sans pierre tombale, où irais-je me souvenir, méditer ?
Comme l'aigu d'un aboiement dans un jour désolé,
sur les fanes des carottes et sur les brins de persil,
sur ce qui prend racine, les vieux arbres fruitiers,
sur les choses de la terre, épars sera le recueillement.
Au détour d'un chemin. Regard penché sur un jardin.

RÉMINISCENCE INQUIÈTE

Oiseaux dans l'air d'hiver, craintifs,
la terre serait-elle une enclume refroidie
où, en un temps inimaginable,
le marteau de la création aurait frappé ?
Garderiez-vous mémoire, en vos gorges,
des outils qui chantaient dans la forge ?
Comme si tout, à nouveau, allait être bouleversé,
soudain, le moindre bruit vous fait taire.
Apeurés, vous laissez vacant l'espace.
Un silence d'avant-monde frôle mes épaules.

Jacques Lèbre est né en 1953. Il a publié récemment, *Dans la conversation*, (La Dogana, 1999) et *Donner asile*, (Atelier la Feugraie, 2002).

L'ODEUR DU POIREAU EN HIVER

Les yeux vers le ciel noir comme la route verglacée
on va se terrer, dit-il, et peut-être songe-t-il
au poireau oublié dans la terre de l'hiver
Froide est la maison, mais le paquet de Bergerac
orange, le fourneau de la pipe en buis bien
culotté de chagrin infuse une chaleur
étrange au creux de la main

(Visite à mon père)
1987.

LE SEXE DES ANGES

Le soleil perché au bord du soir chahute
entre les pelotes bleu roi des nuages
qui font des foudres au bas du ciel. Les oiseaux
affûtent leurs chants comme des ciseaux,
se chamaillent, font les fous dans les cotillons
blancs du cerisier. Un chardonneret
revêtu d'un camail pourpre cardinalice
s'excite, seul sur le sol, sous ce nid vernal,
essaie son moulinet à billes, rivalise
avec ce saint essaim de haute-lice
et de malice tricotée en métalliques
pizzicati qui surexcitent les calices
aux corolles virginales. Des « bêtes
du diable » dont le dos rouge vieux
dessine des masques d'indiens, se véhiculent
par deux, copulent comme des dieux
sur le mur ébloui contre lequel je suis
assis, aux anges, enfoui, volant
dans les plumes d'avril

D'un après-midi oisif à Bagneux,
4 avril 1993

PARENTHÈSE

(Dans le jardin en contrebas,
un buste passe, un râteau sur
l'épaule, en dessinant des vagues
dans l'air : il est déjà trois heures –
juste le temps de surveiller
un virage du temps
dans mon petit rétroviseur)

La Bastide (Dordogne),
8 mai 1993

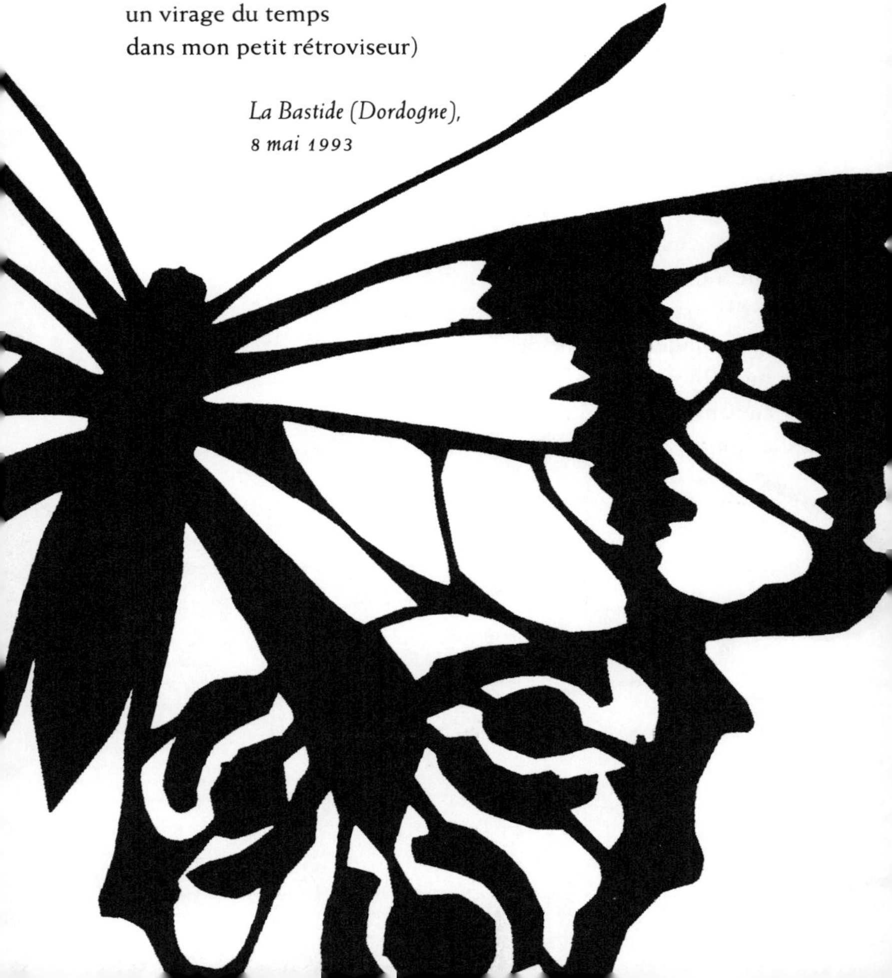

TROIS FOIS RIEN

Content de ce qui se passe à midi,
rien. Quelqu'un qui cherche dans une remise
une gamine qui bricole je ne sais
quoi avec un seau et un tuyau d'arrosage
entre deux nuages et qui crie : « Apporte-moi
les gamelles ! » Un papillon applaudit,
voltige avec les gens qui vaquent, aussi
à trois fois rien dans l'air

Vue sur cour de ferme, à Lannéanou,
dans le Finistère, 19 juillet 1994

Yves Leclair est né en 1954. Il a notamment publié trois recueils de journaux poétiques au Mercure de France, *L'or du commun,* en 1993, *Bouts du monde* en 1997 et *Prendre l'air* en 2001 ainsi qu'un livre d'essais, *Bonnes compagnies* éd. Le Temps qu'il fait, en 1998.

PREMIER POÈME
(extrait)

Cavalerie de l'or ! Cavalerie du temps !
Toute cavalerie entend battre la mer
Et la forêt mouillée (Cavalerie !) l'entend.

(Grande forêt mouillée, entends battre la mer,
Grande forêt, entends !)

Cavalerie de l'or. Cavalerie du temps.
(Ô forêt d'eau et d'or !)

Grande forêt mouillée, entends battre la mer.
L'oyat souffre là-bas de n'être pas foulé.

Foulé ! Ô vain sommeil
Que salent des écailles !

Voici, grande forêt !

(Tu es roc et tu vis ! Je respire à travers
Ô forêt au galop ton noir galop de pierre.)

DIX-SEPTIÈME POÈME
(extraits)

La terre est chaude comme un cheval qu'on va monter à cru !
Comme un arbre que l'on embrasse après qu'on a couru !
Je reconnais, ô feu du ciel, l'épais plaisir dont tu me sèvres
Lorsque j'honore d'un baiser une rose appuyée à mes lèvres !
L'ombre m'est proche où je marchais avec un cœur inassouvi.
La source s'ouvre, qui me guidait, et que je vantais à l'envi !
Je la désire, je la pressens, je la révèle sous la mousse.

L'univers à la fin de novembre a l'aspect d'un bourg assez gros.
Le ciel est suspendu, par énormes quartiers, à des crocs.
Je marche... Et les lourdes étoiles qui brûlaient ensemble
Ensemble pâliront dans le ciel si léger qui jamais ne ressemble !
Ah ! si je touche d'une baguette ou caresse un arbre moussu,
Le sable sans mémoire apprendra le nom que j'ai su !
Ô bouton d'or dans vos cheveux près d'une centaurée !
(Votre fragilité me rappelait les fleurs dont vous étiez parée.)

DIX-HUITIÈME POÈME
(extraits)

Mon âme ne m'est rien lorsque sonne l'appel d'une plaine lointaine.
Je me résigne à m'abreuver comme la foudre à la fontaine,
A me mirer dans ce qui bouge au moindre mouvement de l'air,
A me laisser ravir aux nuances d'un ciel plus clair.
Guidé par la lune mourante ou l'éclat d'un tesson sous la paille,
J'entrevois, au bout d'une allée, une porte qui bâille
Sur la campagne, sur les bois ! Et, dans le feu du désir,
Dans ce feu noir il m'est aisé de reconnaître le plaisir.

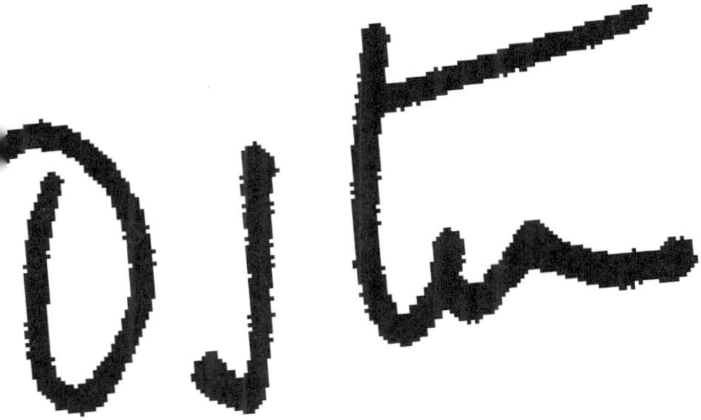

Pierre Oster est né en 1933. Après des études, à Institut d'études politiques, il a longtemps travaillé dans l'édition et a toujours encouragé les jeunes poètes. Il est l'auteur de très nombreux recueils. Citons entre autres, *Les Dieux*, *Alchimie de la lenteur*, *L'Hiver s'amenuise*, *Requêtes*, *Vingt-neuvième poème (Les morts)*.

Le crépuscule sera plus doux que la plus longue matinée
Et par lui je saurai, puisque la nuit me sera redonnée,
Pourquoi, dans leur trouble blancheur, pourquoi, se tordant sous mes yeux,
Les racines qui sortent de terre ont la force des dieux !
Tranquille, je quitte les bois ; et je prends ce chemin de traverse
Où se rassemblent, sans m'entraîner, les eaux rapides de l'averse !
Partout, le paysage est pur. Partout, il resplendit.
Je ne sais plus, dans mon orgueil, que répéter le nom sublime qu'on m'a dit.
Une branche a craqué doucement. Et la terre se creuse.
Comme la rose je suis fait de la noble matière terreuse.

Mémoire
comment vivre sans toi
comment planter le pieu dans ce corps de la nuit
passant pâli   parleur muet dans le silence
poussière qui s'irrigue aux souffles de la vie

être neuf
égarer ses bagages
jardin lavé vivant quand la pluie se finit
pierre nue sous les vents qui poncent le désert
ou bien quoi
un chaud blottissement dans les fidélités

les pages tournent
café des brasseries l'odeur du tabac froid
hier dans les journaux noircit déjà les doigts
un jour s'ajoute au jour et qui saura pourquoi
une aube n'est pas l'aube mais la gerbe trop lourde
des minuits réunis ?

Des minuits réunis

Le 10 décembre 1969 :

Parfois dans une gare écaillée de province
descend parmi appels cris valises sifflet portes
la celle qui hésite un léger sac au bras
la celle qui avance ticket au bout des doigts
la celle qui traverse au passage la voie
la celle qui sourit de loin sous lampe jaune
la seule qui sera tout le sel de la terre
un royaume arrivé sous un manteau étroit
l'abondance et le don dans une chambre avare.

Parfois dans une gare

Parfumée de toi précédée de toi
du double balancement vulnérable de tes seins
cernée par le fusain de l'ombre et du plaisir
tu surgis aux portes du grand noir et des chambres
ma vagabonde dans le nous ma vagabonde dans l'erreur
dans le pas beau combat des jours
le généreux combat du don
ma vénus émergée de ces mers étrangères
et sur la nuit dans le silence
sous la rumeur feutrée des vagues de nos cœurs
je contemple ébloui
ta vie puissante qui s'avance.

Qui s'avance

Annoncez les couleurs du soleil étouffé
annoncez l'incendie du blanc déjà tué
annoncez le roi nu
annoncez quatorze heures à midi
annoncez sur le seuil la venue des maudits
la neige des pétales sur l'hiver qui s'est tu
annoncez j'aime dans leurs palais de sang
annoncez pile et deux fois face
sur les linges qui savent quelle face ils essuient
annoncez l'impossible multiplié par tous
ne vous laissez pas questionner
ne vous laissez pas déséquilibrer
ne vous laissez pas séduire
annoncez.

Annoncez

Né en 1932, Jean Pérol a résidé plus de vingt ans au Japon, séjourné en Afghanistan et aux États-Unis. Prix Mallarmé 1988, il a publié un roman et des essais, et une quinzaine de recueils de poésie, *Le cœur véhément*, *Morale provisoire*, *Histoire contemporaine*, *Pouvoir de l'ombre*, etc.

AIR DU GRELOT

le grelot d'un chien perdu
c'est le vent et ses lanternes
l'avez-vous bien entendu ?
c'est les portes qui se ferment

l'avez-vous bien entendu ?
faites que les chiens s'endorment
c'est le visiteur têtu
le chien errant de l'automne

aussi bien c'est ma mémoire
l'avez-vous bien entendue ?
elle tinte pour me nuire
le grelot des chiens perdus

L'HIVER

moi j'aime bien l'hiver
il n'a pas de barbe il ne pique pas
il est tout rose comme ta lèvre
à condition d'y poser le doigt

mais ce n'est pas tous les jours l'hiver
ni tous les jours main de velours
parfois il faut sortir pour casser
du sucre sur ses voisins

et puis remettre la lune
au milieu de son halo pâle
et lui crier Allo ! Parle
dans le cornet du téléphone

quand elle répond ça soulage
on peut s'en aller au lit
elle n'est plus aphone elle a dit
moi j'aime bien l'hiver

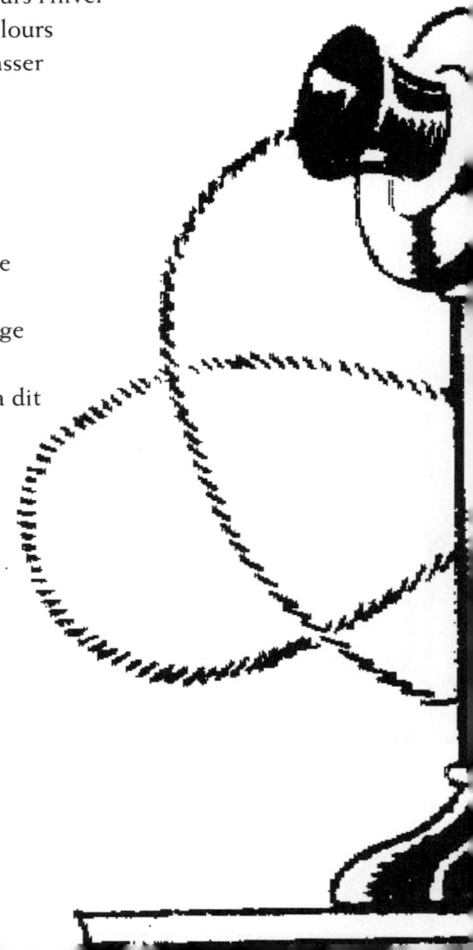

voici qu'il vente et c'est l'ardenne
et qu'il grêle et c'est le marais
et qu'il neige et c'est pas la peine
pas la peine de boire frais

vous m'en direz tant ! le volet
de fer a perdu ses dents
qui dans ce grand frimas claquaient

ah ça faisait mal de l'entendre
est-ce la peine il geint toujours
est-ce la peine d'appeler
le dentiste ? voici qu'il vente

de plus belle et c'est l'Islande
et qu'il gèle à machoire fendre
sur l'étang mort de nos amours

Jean-Claude Pirotte est né à Namur en 1939, et n'est pas encore mort en dépit des procureurs et des médecins. Il vit ici et là, publie des poésies, des récits et des chroniques. Récemment, *La pluie à Rethel*, *La petite vermillon*, 2002, *Autres arpents*, 2000, *Ange Vincent*, 2001, *Faubourg, poèmes*, Le Temps qu'il fait, 1998.

L'ENCADRÉ

non je n'ai pas trouvé la porte
ni la fenêtre ni le soupirail
ni la lucarne ou la chatière
je ne veux rien de tel pas même

le foutu filet de lumière
qui se coule sous le volet
je tiens à rester dans mon cadre
au moins jusqu'à la fin de l'hiver

avec ma tête et mon béret
mon col marin mon air niais
et puis mon coq en carton-pâte
et surtout ! l'âge que j'avais

(la promenade)

Il y avait Léontine
Barbara pépé Victor
et le vieux chien Margarine
bref un fameux quatuor

Léontine trompettait
Barbara chantait la messe
pépé Victor tempêtait
Margarine était en laisse

on prit le chemin des treilles
on contourna les bosquets
Léontine dit : ma vieille
ça manque de bistroquets

mais quand l'éléphant barrit
dans le champ d'orge du Jules
ce fut un beau hourvari
pas à dire ça stimule

or voyons ce n'était que
le pépé qui se mouchait
on reprit le chemin creux
vers des paradis cachés

LE NAIN

Le nain dessine un éléphant
sur la paroi de la caverne
Essoufflé
tel un dieu raté
il souffle sur les traits
Et la bête respire

André Schmitz est né en 1929 dans les Ardennes belges. Il a publié une quinzaine de recueils de poèmes dont *Soleils rauques*, *Une poignée de jours*, *Les Prodiges ordinaires* et *Dans la prose des jours*, anthologie 1961-2001. Il a reçu le Prix Mallarmé en 2000.

LE PAPILLON

Sur le poing du boxeur en repos, un papillon.
Si l'homme osait déserter le combat, peut-être
un oiseau prendrait-il
place sur son épaule.

LA POÉSIE

La poésie, je ne peux jamais
la voir que de dos,
quand elle fait ses courses au village
ou se rend à des offices de nuit.
Je la suis de loin comme un voyeur
et sur son épaule parfois
ma main se pose comme un vieil oiseau.
Je lui demande encore pardon
de ne savoir m'y prendre avec elle.
En d'autres temps je propose avec gaucherie
de porter ses cabas et ses livres de magie.

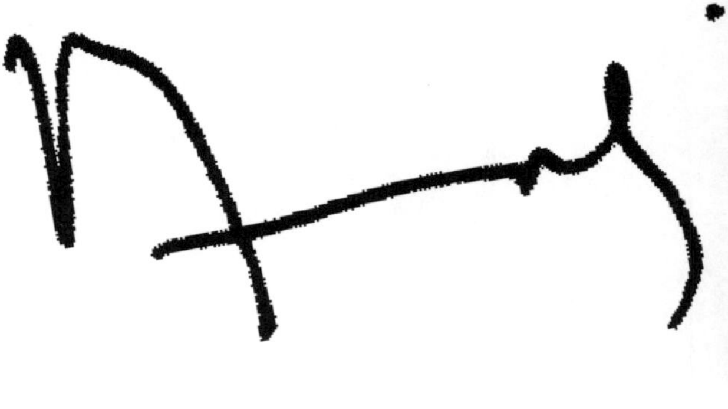

GROS MOTS

Les mots sont gros et forts.
Les chiens se terrent et les enfants
ont peur. Sur la table les
viandes auxquelles on ne touche pas
sont plus saignantes que jamais,
les laits plus pâles qu'à l'ordinaire.

Dehors les éboueurs passent et crient,
les poubelles sont vides et dans la
cuisine les cœurs sont infiniment gros.

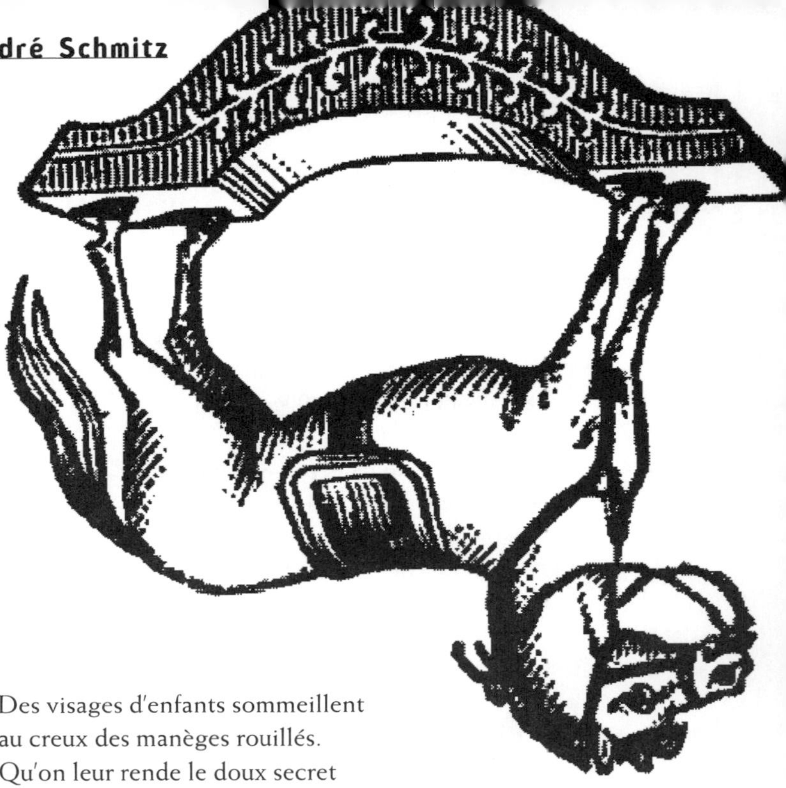

Des visages d'enfants sommeillent
au creux des manèges rouillés.
Qu'on leur rende le doux secret
des fêtes qui tournent en rond.

Les blancs chevaux de bois sommeillent
en plein cœur des villes mouillées :
que leur soit rendu le pouvoir
de courir dans les prés du rire.

Mais la clé des fêtes foraines
est bien perdue. Et rouillent, rouillent
les manèges en pleine ville...

De grâce, qu'on n'éveille pas
trop tôt les doux enfants qui dorment,
la joue sur les crinières blanches.

P. DE LA ROSE

l'épine au doigt de Rose
du roman de la rose
au poème-ci de la rose
la rose est un concept
qui prose quatre lettres
la rose est une rose est
mais qui est rose aussi
et Rose Vallin aura vécu
ce que Rosette a vécu
aux paupières de rose
ses trois boutons de rose
qui rime avec je n'ose
de mémoire de rose
rose sans pourquoi
rose de personne
pâle et pourtant rose
et Rose les rossignols
les lilas et les roses
la rose avec le réséda
Ils ont assassiné Rosa
bonheur miracle de la rose
la rose de l'infante ô
roses de Picardie ou
de Saadi Rosine ou
Rosalinde ou Rosaline
Rosanette et Rose de Saron
toutes roses vêtues
Roses sont Marie et Suzon
rose des vents ou lit de roses
jusqu'à la rose du luth
Rose au cœur violé

Jude Stéfan est né en 1930 à Pont-Audemer. Il a été professeur de lettres. Sa poésie savante est en même temps travaillée par d'extrêmes tensions qui se mêlent à une grande érudition. Il est l'auteur de nombreux recueils dont *Cyprès*, *Libères*, *Vie de mon frère*, *Laures*, *A la vieille parque*, *Xénies*, *Prosopées*, *Povrésies*, *Épodes*...

ma rose mon giroflier
une rose dans les ténèbres
c'est la rose trémière
c'est la plus belle rose
        à mon chapeau

Animaux comme les chevreuils en leur
remise solitaire le cheval qui
paît ou sur la poutre la chouette
Vous aussi vivez en corps parfois
de longue vie faits de chairs et
peaux où les yeux feraient croire aussi
à une âme quand Vous nous regardez
comme nous animés mais le silence
Vous sauve de la mort en nous qui parle
accréditant sa puissance et plus justes
Vous passez plus stables ossements sans
souvenirs.

(Animaux.)

A VOUS FLEURS

avoue ton goût des fleurs du temps
aubépine invitant à prudence
jonquille mon renaissant désir
tes mauves : l'artificieux pétunia
la rose est la plus riche la tulipe
c'est la turque enchanteresse volu-
bilis et lierre trop vous enlacent
ô géranium rugueuse simplicité
et que nous protège le mimosa
l'œillet sincère qu'offrent les poètes
en baisant la main de l'hôtesse
        glaives dits glaïeuls
        camélia règles

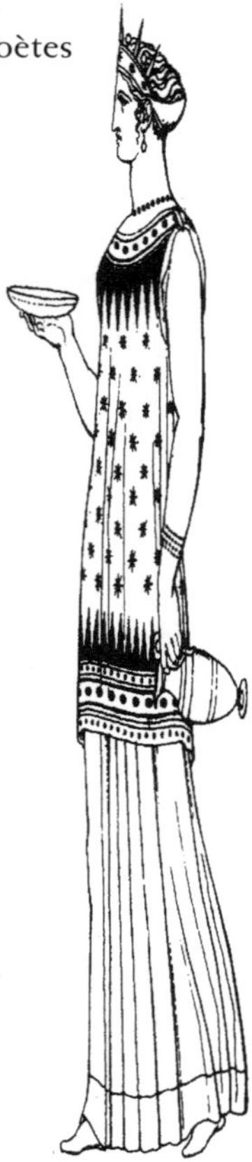

ENVOI

Ils passent à travers nos années
ils scrutent au fond des puits
ils savent qu'ils sont morts
et vont contempler la mer
ils s'exilent dans les animaux
ont égard aux choses
et font parler les pierres
de leur mont pagnote
ils décrivent les batailles
et accusent le temps
ils chantent la folie
leur science est d'innover
ils usent de dérision
ils endurent solitude
ils critiquent la mort
ils s'abrègent la vie
tous les mots épuisés
ils s'inclinent au ventre des femmes
ils envient les nuages
de se disperser
et ne cueillent les fleurs
ils ont commerce avec les saisons
et goûtent chaque mois
ils cherchent le poème
et boivent le vin de santé
ils aiment l'oubli, l'ombre
et sont loin de leurs amis
parcourant les routes de soif
visitant les divinités
ils hantent l'ailleurs
et dessinent la pluie,

dénonçant la vanité du bien
ils s'étonnent, ils s'abandonnent
étreignent la paresse sur les lits
ils affirment au lieu de dire
ils contemplent les rats sous la lune
et sombrent au dernier matin

J. Stéfan

Un feu m'habitait
je le choyais
lui laissant la meilleure place
partout où nous faisions halte
nous n'avions pas de secrets
l'un pour l'autre
puis un jour un torrent
a déferlé entre nous deux
couvrant à jamais nos paroles
de limons et de gravats.

Alexandre Voisard est né en 1930 en Suisse. Il vit actuellement en France, à deux pas de son pays natal. Il a publié une vingtaine de livres de poésie et de prose, dont parmi les plus récents : *Toutes les vies vécues*, *Une enfance de fond en comble*, *Le Repentir du peintre*, *Le Déjeu* et *Sauver sa trace*. Il a reçu le Prix Max Jacob en 1996 et le Prix Schiller en 1994.

La rivière parfois
tremble   se noue
pourtant jamais
elle ne se retourne
pour voir si on la suit.

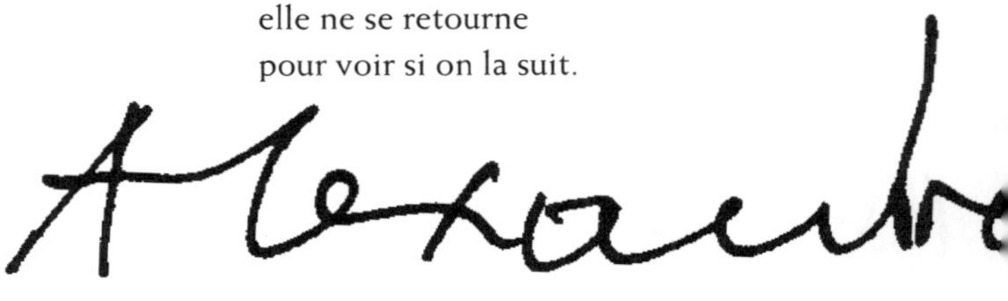

Si s'assoupit la neige
le feu fulmine
craque le bois gelé
la braise attend
son heure

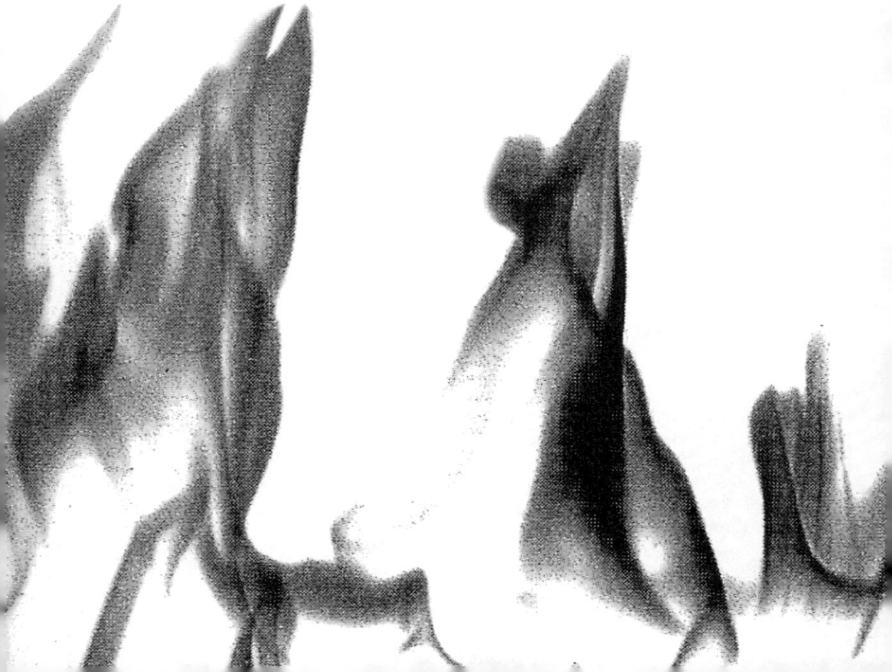

On dit : l'orage fait des siennes
on ne dit pas : la parole est d'argent
on dit : le train se perd dans le paysage
on ne dit pas : j'ai couru comme un fou
on ne dit pas : le jour tombe en loques
c'est pourquoi l'on peut dire
en toute bonne foi : la nuit descend des arbres.

Voisard

TABLE DES MATIÈRES

45. Alain Jouffroy ,Le silence n'est jamais d'or, 6 (*C'est partout, ici*, Gallimard, 2001)
46. Alain Jouffroy, Débarquer partout ((*C'est partout, ici*, Gallimard, 2001))
47. Anise Koltz, «La vie n'est pas »... (*Le porteur d'ombre*, Éditions Phi, 2001)
48. Anise Koltz, «Le chemin monte vers la maison»... (*Le porteur d'ombre*)
49. Anise Koltz, «Je dédie ce poème»... (*Le porteur d'ombre*)
50. Anise Kotz, «Sur une mappemonde»... (*Le porteur d'ombre*)
51. Werner Lambersy, «L'oiseau»... (*L'Horloge de Linné*, Éd. Phi, 1999)
52. Werner Lambersy, «Le fini et l'infini»... (*L'Horloge de Linné*)
53. Werner Lambersy, «L'électricité» ... (*L'Horloge de Linné*)
54. Werner Lambersy, «Les fenêtres se referment»... (*L'Horloge de Linné*)
55. Alain Lance, Complainte mercenaire (*Temps criblé*, Obsidianne/ Le temps qu'il fait, 2000)
56. Alain Lance, Noir (*Temps criblé*)
57. Alain Lance, Quand j'écris (*Temps criblé*)
58. Alain Lance, Épitaphe (*Temps criblé*)
59. Jacques Lèbre ,«Quand les Rois mages»... (*Dans la conversation*, La Dogana, 1999)
60. Jacques Lèbre, Épars sera le recueillement (*Dans la conversation*)
61. Jacques Lèbre, Réminiscence inquiète (*Dans la conversation*)
62. Yves Leclair, L'odeur du poireau en hiver (*L'or du commun*, Mercure de France, 1993)
63. Yves Leclair, Le sexe des anges (*Bouts du monde*, Mercure de France, 1997)
64. Yves Leclair, Parenthèse (*Bouts du monde*)
65. Yves Leclair,Trois fois rien (*Bouts du monde*)
66. Pierre Oster, Premier poème (extrait, *Paysage du tout*, Gallimard)
67. Pierre Oster, Dix-septième poème (extrait, *Paysage du tout*, Gallimard, 2000)
68. Pierre Oster «L'univers »... (extrait de Dix-septième poème, *Paysage du tout*)
69. Pierre Oster, Dix-huitième poème (extrait, *Paysage du tout*)
70. Pierre Oster, «Le crépuscule»... (extrait de Dix-huitième poème, *Paysage du tout*)
71. Jean Pérol «Mémoire»... (*Histoire contemporaine*, Gallimard, 1982)
72. Jean Pérol, «Parfois dans une gare» ...(*Maintenant les soleils*, Gallimard,1972)
73. Jean Pérol «Parfumée de toi»... (*Morale provisoire*, Gallimard, 1978)
74. Jean Pérol «Annoncez les couleurs...» (*Histoire contemporaine*, Gallimard, 1982)
75. Jean-Claude Pirotte, Air du grelot (*La vallée de Misère*, Le Temps qu'il fait, 1987)
76. Jean-Claude Pirotte, L'hiver (*La vallée de Misère*, Le Temps qu'il fait, 1987)
77. Jean-Claude Pirotte, «voici qu'il vente»... (*La vallée de Misère*)
78. Jean-Claude Pirotte, L'encadré (*La vallée de Misère*, Le Temps qu'il fait, 1987)
79. Jean-Claude Pirotte, (la promenade) (*Faubourg*, Le Temps qu'il fait, 1996)
80. André Schmitz, Le Nain, (*Dans la prose des jours*, La Renaissance du livre, 2002)
81. André Schmitz, Le papillon (*Dans la prose des jours*)
82. André Schmitz, La poésie (*Dans la prose des jours*)
83. André Schmitz, Gros mots (*Dans la prose des jours*)
84. André Schmitz, «Des visages d'enfants»... (*Dans la prose des jours*)
85. Jude Stéfan, p. de la Rose (*La muse province*, Gallimard, 2002)
87. Jude Stéfan, «Animaux»... (*Libères*, Gallimard, 1970)
88. Jude Stéfan, A vous fleurs (A la vieille Parque, Gallimard, 1989)
89. Jude Stefan, Envoi (A la vieille Parque, Gallimard, 1989)

91. Alexandre Voisard, «Un feu m'habitait»... (*Sauver sa trace*, Éd. Bernard Campiche, 2000)
92. Alexandre Voisard, «La rivière parfois»... (*Sauver sa trace*)
92. Alexandre Voisard, «Si s'assoupit la neige»... (*Sauver sa trace*)
93. Alexandre Voisard, «On dit : l'orage fait des siennes»... (*Le Déjeu*, Éd. Bernard Campiche, 1997)

ICONOGRAPHIE

7 Joël Bastard, photo Dominique Scheid **10** William Cliff, photo Jacques Sassier © Gallimard **16** Jean-Pierre Colombi, photo Jacques Sassier © Gallimard **18** Lydie Dattas, tous droits réservés **24** Yves di Manno, photo © Flammarion **26** Ariane Dreyfus, tous droits réservés **30** Claude Esteban, photo Jacques Sassier © Gallimard **34** Jacques Izoard, tous droits réservés **39** Ludovic Janvier, photo Jacques Sassier © Gallimard **43** Alain Jouffroy, photo Jacques Sassier © Gallimard **47** Anise Koltz, photo © Wolfgang Osterheld **53** Werner Lambersy, photo © Jean-Pol Stercq **58** Alain Lance, photo © Thierry Langre **61** Jacques Lèbre, tous droits réservés **65** Yves Leclair, photo Jacques Sassier © Gallimard **69** Pierre Oster, photo Jacques Sassier © Gallimard **74** Jean Pérol, photo Jacques Sassier © Gallimard **69** Jean-Claude Pirotte, tous droits réservés **69** André Schmitz, tous droits réservés **85** Jude Stéfan, photo Jacques Sassier © Gallimard **85** Alexandre Voisard , photo © Jean Mayerat **92-93** photo © Caire Hayden, Fotogram-Stone Images

Loi n° 49-956 du 17 juillet 1949
sur les publications destinées à la jeunesse
ISBN 2-07-055186-5
N° d'édition : 06560
N° d'impression : 94073
Dépôt légal : février 2003
Imprimé en France sur les presses de l'imprimerie Hérissey